AF370907

MANDEMENT

DE MONSEIGNEUR

L'ARCHEVÊQUE

DE PARIS,

PORTANT condamnation d'un Livre qui a pour titre, DE L'ESPRIT.

A PARIS,

Chez C. F. SIMON, Imprimeur de la Reine & de Monſeigneur l'Archevêque, rue des Mathurins.

M. DCC. LVIII.

AVEC PRIVILEGE DU ROI.

MANDEMENT

DE MONSEIGNEUR

L'ARCHEVÊQUE

DE PARIS,

PORTANT condamnation d'un Livre qui a pour titre, DE L'ESPRIT.

. . . . . . *Unde animi conflet natura videndum*
Quâ fiant ratione , & quâ vi quæque gerantur
In terris.

Lucret. de rerum naturâ , *Lib. I.*

A Paris, chez DURAND, *Libraire, rue du Foin.* M. DCC. LVIII.

HRISTOPHE DE BEAUMONT,
par la Miséricorde divine, & par la grace
du Saint Siége Apostolique, Archevêque
de Paris , Duc de Saint Cloud , Pair de
France, Commandeur de l'Ordre du Saint Esprit, &c.

A ij

4 *MANDEMENT.*

A tous les Fidéles de notre Diocèse : Salut et Bénédiction.

Il étoit donc réfervé à nos jours, Mes tre's-chers Freres, d'être *obfcurcis par les vapeurs forties de l'abyme*. Ces vapeurs peftilentes font la fauffe Philofophie du fiécle, la Doctrine abfurde du Matérialifme, la haine de toute Religion, tant naturelle que révélée, les Sophifmes contre la diftinction du Bien & du Mal, du Jufte & de l'Injufte, les maximes de la plus honteufe Morale, les difcuffions téméraires fur les droits & fur la conduite des Souverains, tout l'orgueil de l'Efprit, toute la corruption du Cœur,

tout le déchaînement des Paffions *contre le Seigneur & contre fon Chrift*.

Oui, M. T. C. F., ce font-là les noires *vapeurs* de l'Enfer ; ce font les œuvres du Prince des ténébres, & nous avons la douleur d'en voir les traces trop marquées dans un Livre extrêmement répandu parmi les brebis confiées à nos foins. Le grand éloignement où nous fommes de notre Diocèfe ne nous a pas permis d'élever la voix auffi-tôt que ce pernicieux ouvrage, intitulé *de l'Efprit*, a vû le jour. Nous ne l'avons connu qu'après l'éclat fcandaleux qu'il a fait dans la Capitale & dans les principales Villes du Royaume. Alors nos entrailles paftorales

fe font émues, & nous avons défiré les larmes de Jérémie, pour fatisfaire à la Majefté Divine outragée par un fi grand attentat.

Mais notre douleur feroit infuffifante, fi elle demeuroit concentrée dans nous-mêmes. Nous devons

la partager avec vous, M. T. C. F., & vous pré-
munir en même temps contre la séduction. Comme
le mal est pressant, & que les remèdes ne pourroient être différés sans danger, nous n'entrepren-
drons pas de former un plan d'Instruction détaillée.
Nous nous contenterons d'articuler les points prin-
cipaux qui rendent le Livre *de l'Esprit* extrêmement
répréhensible, & nous nous hâterons de prononcer
l'anathême qu'il a si justement mérité.

S. Augustin observe que l'Ennemi de notre salut
est en même temps & un Lion furieux qui attaque
à force ouverte, & un Serpent tortueux qui cherche à tendre des embûches. Tels sont aussi ses émis-
saires. Celse combattoit ouvertement le Christianisme, Hobbes déguisoit son abominable système.
Dans le Livre *de l'Esprit* on emploie tour à tour
la hardiesse & l'artifice contre la Religion Sainte
que nous professons. Tantôt on paroît vouloir sub-
juguer de force l'Empire de J. C., & établir sur ses
ruines les Passions, les Loix purement humaines,
la Philosophie profane : Tantôt on procéde avec
plus de circonspection, on témoigne de l'estime
pour l'Evangile, on affecte d'en reconnoître la dou-
ceur & la beauté, on déclare qu'il est capable *d'élever l'ame à la sainteté, &c.* langage insidieux,
M. T. C. F. ! Au fonds cet Ouvrage ne respire que
la haine du Christianisme, que le dessein formé
d'éteindre dans tous les esprits la lumiere Divine
dont J. C. même est l'auteur.

Ecoutez-nous donc quelques momens, ô vous,
M. T. C. F., qui n'avez point porté vos regards

*Diabolus bifor-
mis est, Leo in
impetu, Draco in
insidiis.
Aug. in Psal.
LXIX.*

*De l'Esprit, pag.
232.*

vers ces vanités & ces menfonges ; & fi quelqu'un parmi vous s'eft laiffé furprendre, qu'il nous écoute auffi, & qu'il apprenne à condamner fes folles curiofités. *Audite , dilectiffima vifcera Corporis Chrifti..... qui non refpicitis in vanitates & infanias mendaces ; & qui refpicitis, audite ne refpiciatis.*

Aug. in Pfal. LXXII.

L'Auteur du Livre qui arme aujourd'hui notre zéle, eft un Partifan déclaré de la *Philofophie* du fiécle. Il fe plaint fouvent, & avec toute la vivacité d'un intérêt perfonnel, de ce qu'il appelle des *déclamations contre les Philofophes.* Il accufe les *Dévots* de

Pag. 180.

haïr la Philofophie, & à ce titre il les taxe de *bigo*

Pag. 560.561. 563. 564.

terie & de *Fanatifme.* Il ne doute point que les Philofophes d'aujourd'hui ne foient des *hommes de génie :* il les défend, les flatte, les comble d'éloges. Il s'éléve avec force contre ceux qui retardent *les progrès* de la Philofophie, &c.

Mais enfin, M.T.C. F., quelle eft donc cette Philofophie dont on nous vante fi fort les avantages ? Apprenez une bonne fois à la bien connoître. Ce n'eft qu'une incrédulité palliée, qu'une impiété parée du plus beau nom. La Philofophie, en ellemême, eft utile, parce qu'elle développe à l'homme fes facultés naturelles & leurs ufages. Les Philofophes de l'antiquité s'appliquerent à tirer de la raifon & de l'expérience des régles de conduite. Leurs vues & leurs efforts purent être louables ; mais il falloit d'autres lumieres pour diffiper les ténébres dont l'homme eft environné. Le Chriftianifme a répandu le grand jour ; & fi l'on ne peut pas dire qu'il a détruit la Philofophie, au moins faut-il reconnoître que c'eſt à lui de la gouverner, de la perfectionner, de la préſerver des écarts, d'ennoblir ſes découvertes, &c. *Les Philoſophes*, dit ſi bien Clement d'Alexandrie, *ne ſont aujourd'hui que des enfans, ſi J. C. ne les rend des hommes. Il n'y a de Philoſophie vraiment ſûre & utile*, ajoute S. Juſtin, *que celle qu'on apprend à l'école de J. C.* & le grand Auguſtin, ſi long-temps partagé entre les diverſes Sectes Philoſophiques, ne nous repréſente-t-il pas la Philoſophie comme une montagne aride d'où l'on découvre le ſéjour de la Paix, ſans jamais découvrir le chemin par où l'on y arrive ; au lieu que la Doctrine Evangélique montre la voie qui conduit à cette bienheureuſe Patrie ?

Parvuli ſunt etiam Philoſophi, niſi à Chriſto viri fiant. *Clem. Alex. Stromat. Lib. I.*
Hanc ſolam (Chriſti)Philoſophiam reperiebam quæ quidem tuta & utilis foret. *Juſtin. Dial. cum Tryph.*
Aliud eſt de ſylveſtri cacumine videre patriam pacis, & iter ad eam non invenire.... aliud tenere viam illam ducentem. *Aug. Lib. Conf. 7. cap. 21.*

Or, M. T. C. F. ſi les Saints Docteurs ont eu ces idées de la Philoſophie, priſe dans ſon ſens naturel, & dégagée des artifices de ceux qui veulent en abuſer, qu'auroient-ils penſé de la fauſſe Philoſophie de nos jours, de cette hardieſſe à rejetter tous les myſtères, à condamner toutes les vérités reçues de la multitude, à mépriſer toutes les pratiques de la Religion ? Quel cas auroient-ils fait de ces Sages prétendus, dont l'orgueil eſt l'appanage, de ces hommes vraiment & foncièrement frivoles, qui ne ſçavent que s'eſtimer eux-mêmes, décrier les autres, attaquer l'Egliſe & ſes ſaints uſages, détruire toute vérité conſolante, & ne rien ſubſtituer à la place ? *Défiez-vous*, diſoit Clement d'Alexandrie, *de ces Philoſophes pleins d'arrogance & de vanité.* Ils traitent les vrais Fidèles, comme S. Auguſtin dit que les Gentils traitoient les premiers Chrétiens. *Ils ne manquent*

Suſpectam reddit Philoſophiam arrogantia & glorioſa de ſe perſuaſio. *Clem. Alex. Stromat. Lib. 2.*

Ubicumque in-
venerint Chriftia-
num, folent inful-
tare , exagitare ,
irridere , vocare
hebetem , inful-
fum, nullius cor-
dis , nullius peri-
tiæ. *Aug. in Pfal.
XXXIV.*

O Timothee !
depofitum cufto-
di, devitans pro-
fanas vocum no-
vitates , & op-
pofitiones falfi
nominis fcientiæ.
I. Tim. VI. 20.

pas d'ufer de railleries & d'injures , ils appellent ceux qui ont la fimplicité de la foi, *des ignorants, des idiots, des lâches, des efprits bornés.* Mais voici, M. T. C. F., l'oracle du grand Apôtre ; c'eft la régle infaillible que nous devons fuivre ; c'eft le bouclier impénétrable que nous devons oppofer à la fauffe Philofophie, à la fcience qui nous détourne du falut, à tous les fyftêmes imaginés par les ennemis de Dieu & de fon culte. *O Timothée* , s'écrioit le divin Paul, *gardez le dépôt qui vous a été confié, fuyez les profanes nouveautés de paroles, & toute doctrine contraire qui porte le nom de fcience.*

Ainfi, quand l'Auteur du Livre *de l'Efprit* nous promet d'étendre nos lumieres, de nous développer les principes de la morale, de nous délivrer des préjugés & des erreurs qui nous environnent, de nous faire connoître les refforts d'une bonne légiflation, de nous ouvrir la route du bonheur, de nous rendre utiles à la fociété , &c. voyons fi fes inftructions conviennent avec le dépôt dont la confervation doit nous être infiniment chere ; fi tout le plan de cette fcience prétendue rentre dans celui de l'Evangile. Mais que peut on imaginer qui y foit plus contraire?

Il fuffit, pour vous en convaincre, de vous rappeller que ce pernicieux ouvrage (de l'Efprit), n'annonce & ne refpire qu'une indifférence extrême à l'égard de toute Religion. Combien de fois n'y parle-t-on pas des Religions en général, & par conféquent de celle qui eft l'unique vraie, comme de pures *opinions* ! Quelle attention n'y apporte-t-on pas à exalter la fageffe prétendue de ceux qui paffent

pour

Pag. 58. 68.
109.

pour Athées ou pour Matérialiftes ! Quel foin n'y prend-on pas de faire entendre au Lecteur que *l'efpoir ou la crainte des peines ou des plaifirs temporels , font auffi propres à former des hommes vertueux , que les peines & les plaifirs éternels !*

Mais ne nous trompons-nous pas, M. T C. F., & de pareils traits ne prouvent-ils que de l'indifférence pour la Religion ? Ne renferment-ils pas plutôt des principes formellement oppofés à toute efpece de culte ; & fi l'on rapproche de ces divers textes, ceux où l'Auteur fe déclare pour la tolérance univerfelle, ceux où il invective fans diftinction & fans réferve contre tous les intolérants, ceux où il manifefte un fonds d'animofité contre les Miniftres de l'Eglife, ceux où il s'égaie en rapportant de petits faits très-infultants pour la Religion, ceux où il renverfe, autant qu'il eft en lui, toute la morale de l'Evangile , pourra-t-on s'empêcher de reconnoître que ce Livre *s'éléve avec hauteur contre* toute *la fcience de Dieu ?*

Au refte, M. T. C. F., tout ce qu'il dit en faveur de la tolérance abfolue des Religions, & contre l'intolérance des Catholiques, eft une pure illufion. Jamais il ne donne les vraies notions fur la tolérance, jamais il n'en affigne les droits & les bornes, jamais il ne diftingue la tolérance eccléfiaftique de la tolérance civile. Il répete de temps en temps, que la Religion de J. C. eft toute de charité & de condefcendance. Qui en doute , M. T. C. F. ? Mais cela empêche-t-il que cette fainte Religion ne foit l'unique vraie, l'unique néceffaire, qu'elle ne fe foit

B

Pag. 221.

Ibid.

2. Cor. X. 5.

élevée fur les débris de l'Idolâtrie & de toutes les fauffes Religions du monde, qu'elle n'ait condamné depuis dix-huit fiécles un nombre infini d'héréfies ?

I. Tim. 1. 20. Cela empêche t-il que S. Paul n'ait *livré à Satan, Alexandre & Hymenée*, parce qu'ils blafphémoient *Tit. III. 10.* contre la vérité, qu'il n'ait ordonné à Tite, d'évi-*2. Joan. X. 11.* ter *les Hérétiques après deux monitions*, que S. Jean n'ait défendu de *faluer* ceux qui ne demeurent pas fermes dans la Doctrine de J. C., que cet Homme-Dieu lui-même ne faffe des reproches à deux des *Apocal. II. 14.* Anges de l'Apocalypfe, parce qu'ils fouffroient dans *20.* leur troupeau des hommes de mauvaife doctrine & des féducteurs ?

Il eft bien furprenant, M. T.C.F., que les incrédules d'aujourd'hui, jaloux, comme ils le font, du titre de Philofophes, s'attachent à une doctrine auffi moftrueufe que l'eft le Matérialifme. Cent fois on a développé l'horreur & l'abfurdité de ce fyftême. On a démontré la fpiritualité de notre ame par le fentiment que nous avons de la penfée, par la faculté qui eft en nous de produire des jugements, des raifonnements, des defirs, des doutes, des réfolutions, par la vivacité avec laquelle nous comparons nos idées, nos fenfations, nos réminifcences, par l'avantage de pouvoir nous élever à la connoiffance de Dieu, de la vertu, de la loi, du mérite, & en général, de tous les objets purement intellectuels, par le libre arbitre inféparablement attaché à notre nature. Et cet amour néceffaire de l'exiftence, cette ardeur dominante que nous éprouvons pour la gloire, ce cri violent de toutes nos facultés vers la pof-

seſſion d'un bonheur ſans bornes & ſans viciſſitu-
des, ne ſont ce pas autant de gages d'une vie future, autant de témoignages ſenſibles & ſubſiſtants
de l'immortalité de l'ame ? Arguments infaillibles
par eux-mêmes, & qui ſe préſenterent à l'intelligence
humaine, juſqu'au milieu des ténébres de l'Idolâtrie. Quelle force n'acquierent-ils point par les lumieres de la révélation ! Quelle joye ne répandent-ils
point dans les cœurs que la grace a détachés du monde!

Cependant, le Livre *de l'Eſprit* vient nous enle-
ver cette puiſſante reſſource & cette douce conſo-
lation. Il commence par mettre en problême la ſpi-
ritualité de l'ame ; il ſemble n'admettre entre l'homme *Pag. 5. & 32.*
& la bête, que des différences accidentelles dans le
phyſique & dans la conformation des organes : ima- *Pag. 2.*
gination qui étoit déja venue, il y a plus de quinze
ſiécles, au grand adverſaire de la Religion Chrétienne, à l'impie Celſe. Il diſoit que l'homme & l'abeil-
le ne différoient pas eſſentiellement, & qu'on pou-
voit en juger par leurs travaux reſpectifs. A quoi
Origene répondoit que l'homme opere par la rai- *Origen. Lib. IV.*
ſon, & la bête par l'inſtinct : ce qui ſignifie que *contr. Celſ.*
l'homme a dans lui-même le ſentiment de ſon action
purement ſpirituelle, & qu'on ne peut aſſurer la
même choſe de la bête, dont la nature nous eſt
inconnue.

L'Auteur du Livre *de l'Eſprit*, paſſe bien-tôt du
pur problême aux aſſertions poſitives : il parle toujours de l'ame comme d'un être, qui n'a que la
ſenſibilité phyſique ; il n'admet dans cette puiſſance,
que de la force & du mouvement ; il la ſoumet *Pag. 293. 328.*
371.

comme le corps à des *attractions* & à des *inerties ;* il
fait voir qu'il ne la croit capable ni d'aimer Dieu,
ni de le posséder, puisqu'il avance cette étrange pro-
position ; *que l'homme n'étant, par sa nature, sensible*
qu'aux plaisirs des sens, ces plaisirs, par conséquent, sont
l'unique objet de ses désirs. Quelle Doctrine, M.T.CF.!
Elle anéantit, tout à la fois, & la spiritualité de
l'ame, & son immortalité ; elle rabaisse l'homme à
l'état des animaux ; elle borne toutes ses vues aux
biens de cette vie. Et quels biens encore ! Ce ne
feront, ni les beautés de la vertu, ni les richesses
de la science, ni les délices de l'amitié, ni la gloire
de servir la Patrie, &c. Tout se bornera aux *plai-*
sirs des sens, à la satisfaction des désirs terrestres.

Nous ne demanderons pas, M. T. C. F. si ce langage est celui du Christianisme. Tout l'Evangile de
J. C. tous les Livres des SS. Apôtres, tous les Ou-
vrages des Docteurs de la Religion, toutes les leçons des Pasteurs de l'Eglise, condamnent un principe si révoltant. On pourroit demander si, dans
aucune Ecole Payenne, on a jamais enseigné nue-
ment & publiquement, que *les plaisirs des sens sont*
l'unique objet des désirs de l'homme ; si Epicure lui-même
ne s'est pas proposé les plaisirs de l'esprit. *Epicure,*
disoit un Ancien, *soutient hautement qu'on ne peut*
vivre agréablement, si l'on ne vit avec sagesse, avec
honnêteté, avec justice. Nous ne croyons pas que per-
sonne attribue aux plaisirs des sens, le privilege d'ê-
tre toujours accompagnés de la *sagesse,* de *l'honnêteté,*
de la *justice ;* & de-là il faut conclure que le plus dé-
crié d'entre les Philosophes avoit des idées supérieu-

Pag. 326.

Clamat Epicu-
rus non posse ju-
cundè vivi, nisi
sapienter, hones-
tè, justèque vi-
vatur. *Cic. de*
finib. bon. & mal.
L. I. n. 18.

res à celles qui se trouvent répandues dans le Livre *de l'Esprit.*

Nous ne vous montrerons pas en détail, M. T. C. F. que ce funeste Ouvrage dépouille absolument l'homme de toute liberté. C'est l'effet, & la preuve du Matérialisme que l'Auteur enseigne. Mais ce qui exigeroit de notre part des observations fort étendues, c'est le systême qu'il tâche d'établir touchant les Loix, la Vertu, la Justice, la Probité.

Pag. 36. 37. 114. &c.

Cet Ecrivain nous parle beaucoup de Législation, sans se ressouvenir que le fond de toute Législation vraiement salutaire au Public & aux Particuliers, est dans ce divin Livre qui contient le Testament de J. C., l'expression de ses volontés, le corps de ses Loix, & le gage de ses promesses. Ouvrez l'Evangile, M. T. C. F., & les Ecrits des Apôtres, vous y trouverez tout ce qui est nécessaire aux Princes & aux Sujets ; aux Prêtres & aux Laïques ; aux Peres & aux Enfans ; aux Vieillards & aux Jeunes Gens ; aux Riches & aux Pauvres ; aux Juges, aux Commerçans, aux Soldats, aux Vierges, aux Veuves, aux Esclaves, &, ce qui est bien remarquable, aux Philosophes même & aux Sçavans : car il est écrit que, *pour n'avoir pas voulu glorifier Dieu qu'ils connoissoient, les Philosophes se sont égarés dans leurs vains raisonnemens ; que leur cœur insensé a été rempli de ténébres, & qu'ils ont fait des actions indignes de l'homme.*

Ce n'est pas, M. T. C. F. que les Loix humaines, la Politique, la Jurisprudence ne puissent & ne doivent aussi concourir au gouvernement des hommes ; mais ces moyens doivent toujours être

Quià cum cognovissent Deum, non sicut Deum glorificaverunt.... .. sed evanuerunt in cogitationibus suis, & obscuratum est cor insipiens eorum..... ut faciant ea quæ non conveniunt. Rom. I. 21. 28.

subordonnés à la Religion : ces moyens font, fans
la Religion, pleins d'artifices, d'inutilités, de dangers
même à mille égards. Otez la Religion, tout le pouvoir des Légiſlateurs humains ſe borne à l'exté-
rieur ; & c'eſt auſſi ce que prétend l'Auteur de
l'*Eſprit.*

Mais les principes de ſon Livre vont plus loin ;
ils ſont les mêmes que ceux de Hobbes ; ils tendent
à détruire tous les fondements de la juſtice & de la
probité ; à effacer toutes les notions qu'on a eues
juſqu'ici de la vertu & des devoirs qu'elle impoſe.
Selon ce dangereux Moraliſte, *la ſenſibilité Phyſique,*
& l'intérêt perſonnel ont été les auteurs de toute juſtice :
l'intérêt eſt l'unique Juge de la probité, & du mérite des
hommes : ſi l'on perd l'intérêt de vue, on n'a nulle idée nette
de la probité : l'Univers moral eſt ſoumis à la Loi de l'intérêt,
comme l'Univers Phyſique l'eſt aux Loix du mouvement :
avant la formation des Sociétés, il n'y avoit aucune
Loi.... ni par conſéquent aucune injuſtice : la Vertu eſt le
deſir du bonheur général : la Juſtice conſiſte dans l'obſerva-
tion exacte des conventions que l'intérêt commun a fait
faire, &c.

Ainſi, M. T. C. F. il ne ſubſiſtera aucune diſ-
tinction primordiale, & fondée ſur la Loi même
éternelle de Dieu, entre le Juſte & l'Injuſte ; il n'y
aura aucune obligation naturelle de pratiquer certains devoirs, & d'éviter certaines fautes. Toute
la Légiſlation, par rapport aux hommes, dépendra
de leur union en ſociété, & de la volonté des premiers Chefs, qui les auront raſſemblés. Quand on
ſe rendra coupable de quelque injuſtice, on pourra

Pag. 276.
Pag. 48 & 55.
Pag. 127.
Pag. 53.
Pag. 279.
Pag. 134.
Pag. 278.

être foumis aux peines portées par les Légiflateurs ; mais du refte nul cri de la confcience, nulle crainte de tomber entre les mains de l'Arbitre Suprême de toutes chofes. Qu'il fe trouve des motifs d'honnêteté, de charité, de magnanimité pour entreprendre des actions vertueufes, ce feront autant de moyens inutiles dans les principes du Livre de *l'Efprit*. Il ne s'agira que de fçavoir fi l'intérêt perfonnel ou public fe rencontre dans ces entreprifes ; cet intérêt fera le mobile de tout, le juge unique du mérite, la caufe abfolue, & le reffort total de ces actions.

Que penfez-vous, M. T. C. F. d'un fyftême qui anéantit tous les devoirs naturels de l'homme, qui fupprime toute influence de la Loi Divine fur nos cœurs, qui combat les notions communes du bien & du mal, qui ouvre la porte à tous les crimes, en étouffant la voix de la confcience, qui affermit contre les Loix, même temporelles, tous ceux qui auront la force de les contredire, ou l'adreffe de les éluder ? N'écoutez point de pareilles leçons, M. T. C. F. fuyez-les comme une doctrine empeftée : croyez-en plutôt le grand Chryfoftôme fur l'exiftence & la nature de la Loi naturelle. » Cette Loi, » *dit-il*, a été donnée à l'homme au moment même » de fa création. Mais qu'eft-ce que cette Loi ? » Jugez-en par la confcience, qui eft auffi un pré- » fent du Seigneur, & à laquelle il appartient de » difcerner le bien & le mal. Car nous n'avons pas » befoin d'apprendre que la fornication eft un mal, » & que la continence eft un bien. Nous fçavons » cela naturellement ; *& il en eft de même du meurtre*

» *& du vol.* Auſſi le Légiſlateur donnant ſon corps
» de Loix dans la ſuite, y mit ſimplement, *Vous*
» *ne tuerez point*, ſans ajouter que le meurtre eſt un
» mal ; car cela étoit ſuffiſamment connu par le
» témoignage de la conſcience. Au lieu que, quand
» il fut queſtion des Commandemens, ſur leſquels
» la conſcience ne donnoit aucunes Inſtructions ;
» de ce Commandement, par exemple, qui a pour
» objet la ſanctification du Sabbat, le Seigneur
» ajouta la raiſon du précepte, raiſon tirée du re-
» pos où le Créateur étoit entré, après la forma-
» tion de tous les Etres. Ce Commandement n'é-
» toit pas une des Loix primitives & naturelles ;
» & la conſcience n'en réclamoit pas l'accompliſſe-
» ment : au lieu que les préceptes qui défendent *le*
» *meurtre, le vol, la fornication*, ſont néceſſaires,
» & tiennent à notre nature. C'eſt pour cela que
» le Seigneur ne dit point les motifs de ces prohi-
» bitions, & qu'il ſe contente des prohibitions
» mêmes. « *

---

* Ab initio Deus hominem formans, legem ipſi naturalem indidit,
& quid tandem eſt Lex naturalis ? Conſcientiam nobis expreſſit, & à
naturâ inditam eſſe voluit bonorum & contrariorum ſcientiam. Non
enim opus habemus diſcere quod malum ſit fornicatio, & bonum
continentia, ſed ab initio hoc ſcimus. Et ut diſcas nos ab initio hoc
ſcire, Legiſlator leges poſteà ferens, ac dicens *non occides*, non intu-
lit, malum enim eſt cædes ; ſed ſimplicitèr *non occides*, inquit. Pro-
hibuit enim peccatum duntaxat, non docuit. Quare igitur qui dixit
non occides, non addidit, quia malum cædes ? Quoniam priùs conſ-
cientia nos hoc docuit, & tanquam ſcientibus & intelligentibus itâ
loquitur. Cùm igitur de alio loquitur mandato, non nobis per conſcientiam noto, non tantùm prohibet, ſed & cauſam apponit. De Sabbato itaque legem ferens, ac dicens, ſeptimâ die non facies opus,
ſubjunxit cauſam quoque ceſſationis : qualem vero ? *Quid in die ſepti-*

Tout

Tout ceci eſt extrêmement lumineux, M. T. C. F. & la ſuite du Texte de ce S. Docteur eſt encore admirable, parce qu'elle explique nettement la force & les droits de la conſcience, parce qu'elle juſtifie toute cette Doctrine, par les exemples d'Adam & de Caïn, qui furent condamnés au Tribunal de leur conſcience, avant que de l'être au Tribunal du Seigneur. Mais S. Chryſoſtôme ne ſe contente pas d'établir ces vérités, par l'autorité & les faits des Saintes Ecritures ; il raiſonne contre les Gentils, & il les force par les lumieres ſeules du bon ſens à reconnoître l'exiſtence d'une Loi naturelle. » Cette » Loi, *diſent-ils*, n'eſt point gravée dans les conſ- » ciences, & Dieu ne l'a point communiquée à » nôtre nature. Mais ſi cela eſt, *reprend le S. Doc-* » *teur*, qu'eſt-ce qui a donc déterminé les Légiſla- » teurs des Nations à faire des Loix ſur les Ma- » riages, ſur l'Homicide, ſur les Teſtamens, ſur » les Dépôts, ſur les Droits & la ſûreté des Ci- » toyens, & ſur une infinité d'autres ſujets ? Ces » Légiſlateurs auront pû être guidés par leurs peres, » ceux-ci par leurs ancêtres, & ces derniers par » d'autres encore plus anciens ; mais enfin qui aura » donc été le Maître, & le Guide du premier Inſ-

---

mâ requievit Deus ab omnibus operibus ſuis, quæ cæperat facere...... Quare igitur, die mihi, in Sabbato quidem canſam adjecit, in cæde verò nihil tale fecit ? Quoniam hoc quidem mandatum non de prima- riis erat, nec per conſcientiam nobis exquiſitis, ſed particulare quod- dam & temporaneum...... Neceſſaria verò, & vitam noſtram con- tinentia illa ſunt *non occides, non furaberis, non mœchaberis*, & ideò nullatenùs hîc cauſam ponit, nec doctrinam adducit, ſed ſolâ opus eſſe putat prohibitione. *Chryſoſt. ad Pop. Antioch. Homil. XII.*

» tituteur des Loix ? N'eſt ce pas la conſcience,
» n'eſt-ce pas la Loi naturelle que Dieu a miſe
» dans l'homme, en lui donnant l'exiſtence & la
» vie ? «* Voilà, M. T. C. F. une Doĉtrine vraiement ſolide, inſtruĉtive, forte de principes, abondante en conſéquences. On ne parle point ici d'intérêt perſonnel, de paſſions, de plaiſirs, d'amour-
propre, de conventions entre les hommes, *d'état
de Guerre*, par lequel l'homme aura commencé, lorſ-
qu'il n'étoit encore dirigé par aucunes Loix. Rien,
en un mot, dans les Livres ſacrés, & dans les Ou-
vrages des SS. Peres, ne reſſemble aux leçons que
nous donne le Livre de *l'Eſprit.*

Quelles armes encore les ſaints monumens du
Chriſtianiſme ne nous fourniroient-ils point contre
les pernicieuſes régles de Morale, que le même Ouvrage publie ? Nous l'avons déja inſinué, M. T. C. F. ;
Pag. 361. & *ſuiv.* dans le Livre *de l'Eſprit*, la baſe des mœurs eſt *le
plaiſir*, ſans en excepter même le plus ſenſuel,
le plus honteux, le plus indigne de l'homme.
L'Auteur propoſe l'amour profane comme le grand
reſſort des vertus ; il remet, à cette occaſion, ſous les
yeux de ſon Leĉteur, les pratiques licentieuſes de quelques peuples Idolâtres ; il ne rougit point de raſſem-

---

* Quid tandem eſt quod dicunt ; non eſt nobis per ſe Lex in conſcien-
tiâ poſita, nec eam naturæ Deus inſeruit ? Undè igitur, undè, inquam,
de nuptiis, de cædibus, de teſtamentis, de dépoſitis, de proximis
non opprimendis, de infinitis aliis leges apud eos ſcripſerunt Legiſla-
tores ? Hi quippè præſentes forte à majoribus natu didicerunt, & illi
à prioribus, & rursùm à ſuperioribus iſti. Qui verò ab initio & pri-
mi apud eos leges tulerunt, à quo didicerunt ? An non utique à conſ-
cientiâ ?..... à lege, quam hominem fingens Deus ab initio ipſi po-
ſuit ? *Ibid.*

bler quantité d'Anecdotes obscenes, d'Images indé-
centes, de Maximes scandaleuses. O détestable Philosophie du XVIIIe siécle ; c'est donc là le terme,
disons plutôt le précipice où tu conduis les hommes! Quoi, M. T. C. F. ces passions que J. C. & les
Saints Apôtres nous ont ordonné de combattre, de
réprimer, de mortifier, on vient nous les repré-
senter comme l'ame de toutes les grandes & hé-
roïques actions ? Ce fruit malheureux du péché,
ce germe de corruption, qui fait gémir les plus
grands Saints, on nous le vante comme le mobile
général du gouvernement des hommes ? Ce n'est pas
encore assez : on condamne en quelque sorte la raison à se taire, en présence des passions ; à leur céder
l'empire, au moins durant la plus grande partie de
nos jours.

Car voici, M. T. C. F. les propositions surpre-
nantes qu'on trouve dans le Livre de l'Esprit. *Que*   *Pag. 618.*
la raison nous dirige dans les actions importantes de la
vie, je le veux : mais qu'on en abandonne les détails à
ses goûts & à ses passions. Qui consulteroit sur tout la
raison, seroit sans cesse occupé à calculer ce qu'il doit
faire, & ne feroit jamais rien. Et quand il s'agit d'ins-
tructions élémentaires, d'éducation de la jeunesse,
l'Auteur trouve de grands avantages à ne *point s'op-*   *Pag. 337.*
poser aux passions de ce premier âge. Il appelle des
Pédans, des Déclamateurs, des Gens sans esprit, ceux   *Pag. 164.*
qui recommandent sans cesse la modération des désirs. Il
prétend que *celui qui, pour être vertueux, auroit tou-*   *Pag. 373.*
jours ses penchans à vaincre, seroit nécessairement un mal-
honnête homme ; & au lieu de se souvenir des égards

qui font dus à un féxe dont la pudeur fait le plus bel ornement, il femble l'inviter à franchir toutes les barrieres , il lui en fournit des exemples , il l'arme de prétextes, il fait l'apologie des excès en ce genre. Que de chofes, M. T. C. F. nous fommes obligés de fupprimer, pour épargner à vos oreilles des détails dangereux, des termes capables de bleffer l'honnêteté publique !

Nous devons nous taire également fur les endroits où ce Livre effraie la Patrie & allarme les Citoyens. Eh ! falloit-il donc , en traitant *de la puiffance des* *paffions* , faire paroître fur la fcéne , des hommes *bravant le Ciel* , & armés contre leurs Souverains ? Falloit-il chercher dans l'Antiquité , des traits qui ne méritent qu'un éternel oubli, des forfaits dont les Auteurs ne furent que des furieux ou des impies ? Mais , voilà, M. T. C. F., ce qu'opere encore l'orgueilleufe Philofophie du fiécle. Elle accoutume ceux qui s'y livrent à difcuter les droits des Puiffances, après avoir combattu ceux de la Divinité. Les mêmes Ecrivains, qui nient l'immortalité de l'ame , la vie future , les principes des mœurs , entreprennent auffi de rompre les nœuds qui attachent les Sujets à leurs Maîtres. On n'attaque pas, il eft vrai, à découvert, l'autorité dont on dépend immédiatement ; on cherche des objets de critique dans les Régions éloignées ; on paroît borner fes obfervations ou plutôt fes invectives, aux gouvernements qui paffent, ou qu'on donne pour defpotiques. Mais dans ces difcuffions téméraires, on ne manifefte toujours que trop les fentiments d'indépendance & même de

Pag. 298. & *fuiv. & pag.* 223.

révolte, dont on s'eſt laiſſé prévenir contre tout ce qui porte les caractéres du Pouvoir Suprême. Bien-tôt on pouſſe l'audace juſqu'à donner des idées favorables, de ceux qui ſe ſont ſignalés par d'énormes attentats ; on ne craint pas de les repréſenter comme des hommes rares, comme de puiſſants génies : & quelles impreſſions de pareilles images ne peuvent-elles point faire ſur des Lecteurs trop crédules ou déja paſſionnés !

Le Livre *de l'Eſprit*, mérite de grands reproches ſur l'article que nous ne faiſons qu'indiquer ici. On y trouve une doctrine bien oppoſée à celle du grand Apôtre, qui nous apprend qu'*il n'y a point de Puiſſance qui ne vienne de Dieu ; que c'eſt lui qui a établi toutes celles qui ſont ſur la terre ; qu'ainſi celui qui s'oppoſe aux Puiſſances, réſiſte à l'ordre de Dieu, & attire la condamnation ſur lui-même. . . . ; qu'il eſt donc néceſſaire de s'y ſoumettre, non-ſeulement par la crainte du châtiment, mais auſſi par un devoir de conſcience.*

Telles ſont les véritables régles, M.T.C.F. ; nous ne pouvons trop vous en recommander l'eſtime & la pratique ; mais pour demeurer dans les termes de cette humble & chrétienne ſubordination, il faut bien concevoir que la paix & le bonheur des Etats en dépendent ; que la ſûreté même des Particuliers y eſt attachée ; que J. C. le modéle de toutes les vertus, a donné l'exemple de la ſoumiſſion la plus parfaite à l'egard de toutes les Puiſſances ; que les Apôtres & les Martyrs ont obéi aux commandements les plus injuſtes & aux perſécuteurs les plus cruels ; qu'il n'appartient jamais aux Sujets

Rom. XIII. 2. 5.

de juger leurs Maîtres, & que les écarts, en ce genre, font de véritables ufurpations de l'autorité même de Dieu, qui feul peut demander compte aux Princes de leur adminiftration.

Gardez-vous auffi, M. T. C. F., en réfléchiffant fur ce qui touche la Patrie & le Gouvernement, d'adopter un principe très-pernicieux du Livre de l'Efprit. *Qu'importe*, dit-il, *au Public la probité d'un Particulier ? Cette probité ne lui eft de prefque aucune utilité.* Eh ! M. T. C. F. chaque Particulier n'eft-il pas membre de la Société, & par conféquent du Public ? Si chaque Particulier eft fans probité, le Public peut-il être fans vices, & fi chaque Particulier eft homme de bien, le Public peut-il n'être pas vertueux ? Quand J. C. & fes Saints Difciples ont recommandé les vertus, & la plus grande de toutes qui eft la charité, n'ont-ils pas prétendu établir les fondements de la félicité Publique ; & quand S. Auguftin affure, que *ce qui fait la juftice de quelque Société que ce foit, c'eft uniquement d'obéir à Dieu*, n'entend-il pas que, fi tous les Particuliers pratiquent cette fainte *obéiffance*, toute la *Société* fera cenfée fidéle aux volontés de Dieu, & poffédet par ce moyen *la juftice* ?

C'en eft affez, M. T. C. F., fur ce Livre trop fameux *de l'Efprit*. Nous vous répétons que la préfente Inftruction n'en eft ni l'analyfe détaillée, ni l'examen fuivi : beaucoup moins en eft-ce la réfutation complette. Il fe trouve, dans ce déplorable Ouvrage, quantité d'autres traits qui mériteroient les attentions rigoureufes de notre zèle. Ce font des expreffions peu vraies & peu décentes fur quelques

Pag. 81.

Ea jufta eft focietas hominum quæ fervit tibi.
Aug. Confeff. Lib. III. *cap.* 9.

paſſages de l'Ecriture, des Peres & des Conciles : ce ſont des imputations hazardées ou malignes, ſur les Profeſſions Saintes & les Engagements Monaſtiques : ce ſont des éloges donnés à certains livres, à certains ſentiments, au moins très-ſuſpeɑs en matiere de Religion : ce ſont des attentions pleines d'artifice, pour diſtinguer la fonɑtion du Philoſophe de celle du Théologien ; attentions dont le but eſt de pouvoir attaquer le Chriſtianiſme, en paroiſſant ſe renfermer dans les bornes de la pure Philoſophie. Mille autres choſes, tout-à-fait répréhenſibles, pourroient donner lieu à un grand ouvrage Théologique, dont nous ne pouvons enviſager que ſous un coup d'œil général, le plan, l'étendue & l'utilité.

Nous terminons cette Inſtruɑion ſommaire par quelques obſervations qui ſe rapportent à la matiere préſente, & qui contiennent des régles de conduite.

D'abord, M. T. C. F. nous vous conjurons de jetter vos regards ſur la face de l'Egliſe, & de remarquer les efforts que fait l'Eſprit d'irréligion, pour y éteindre la connoiſſance & l'amour de J. C. De toutes parts les livres, les diſcours, les exemples tendent à établir l'empire de l'Incrédulité. Cette Capitale, que vous habitez, ou que vous fréquentez, eſt devenue comme le centre des opinions perverſes, des maximes anti-chrétiennes, des ſophiſmes impies, des entrepriſes manifeſtes contre l'Evangile. C'eſt-là que regne cette fiere & profane Philoſophie, dont nous vous avons dévoilé quelques traits. Elle s'inſinue en mille manieres différentes ; elle ré pand fon poifon dans les Livres de Morale, dans les Recherches fur la Nature, dans les Syftêmes de Politique, dans les Brochures d'amufement, dans les Relations de Voyages, dans les Piéces de Théâtre, &c. Elle infecte les Sociétés publiques & particulieres, la jeuneffe & l'âge mûr, l'opulence & la médiocrité, les profeffions graves & les arts d'agrément. De-là, comme d'une fource auffi abondante, que pernicieufe, fortent des Ruiffeaux empeftés, qui fe diftribuent dans les Villes du fecond ordre, qui pénétrent jufques dans les Bourgades, & qui portent la contagion par-tout.

Ainfi, M. T. C. F. l'incrédulité, déguifée fous le nom de Philofophie, devient un mal comme épidémique ; & voulez-vous en connoître la caufe ? S. Chryfoftôme vous l'expliquera. *Elle réfide*, dit-il, *dans la corruption des mœurs & dans la vanité.* On ne devient point incrédule, quand on a toujours été réglé dans fa conduite, & quand on penfe de foi-même avec modeftie. Profitez donc de cet avis du S. Docteur, pour n'eftimer, ni ne craindre ces prétendus efprits-forts, qui tâchent d'envahir l'héritage de J. C. Comptez que la plûpart d'entr'eux ont été, ou font encore des Enfans Prodigues, c'eft à-dire, des hommes livrés à leurs paffions ; que la dépravation du cœur a commencé leur Apoftafie ; que l'habitude des vices l'a foutenue, & que la vanité y a mis le comble.

Ces hommes impérieux fe vantent aujourd'hui du nombre de leurs Partifans; & l'on croiroit, à les entendre, que cette foule qui fe met à leur
fuite,

Illud maximè caufa incredulitatis eft vita nempe corrupta, & gloriæ amor. *Chryfoft. in Matth. Homil. 72.*

fuite, eft une preuve & un caractere de vérité : comme fi, M. T. C. F. il étoit difficile d'entraîner beaucoup de monde dans un parti, qui ouvre la porte à tous les défordres, qui abolit toutes les Loix gênantes du Chriftianifme, qui laiffe toutes les profeffions & tous les âges, dans la liberté entiere de contenter leurs défirs ! Quand *J. C. vainquit le monde par les opprobres de fa Croix*, ce fut un miracle : mais quand les ennemis d'une Loi auffi févere que l'eft l'Evangile, trouvent des Sectateurs dans toutes les conditions, ce n'eft que l'effet tout naturel du libertinage, de la curiofité, de la vanité, de l'amour propre.

Cependant, M. T. C. F. ne vous contentez pas de connoître les progrès & les caufes de l'incrédulité : oppofez à ce torrent impétueux beaucoup d'attention, pour vous en garantir vous-mêmes ; beaucoup de zéle, pour en préferver vos familles ; beaucoup de bons exemples, pour réparer les fcandales fi multipliés en ce genre ; beaucoup de prieres, pour calmer la colere du Seigneur. Du refte, M. T. C. F. ne craignez point que la Bergerie Evangélique fe dépeuple entiérement. *Non*, dit excellemment S. Auguftin, *l'Eglife ne fera point vaincue ; elle ne fuccombera point fous les plus violentes tentations, jufqu'à ce que vienne la fin du monde. Il y en a qui croient*, dit ailleurs le même S. Docteur, *que la Religion de J. C. ne fubfiftera qu'un certain temps, après quoi elle difparoîtra de deffus la terre :* mais c'eft une illufion : *L'Eglife de Dieu égalera ici-bas la durée du So-*

tum tempus in hoc sæculo victuram, & postea non futuram. Permanebit ergò cum sole quandiu sol oritur, & occidit: hoc est quandiu tempora ista volvuntur, non deerit Ecclesia Dei, id est Christi Corpus in terris. *Idem in Pf.LXXI.*

leil ; elle est le Corps de J. C. elle sera conservée durant tout le cours des siécles.

Enfin, M. T. C. F. n'oubliez point en la préfence de J. C. l'Auteur du Livre qui nous donne occafion de vous parler. Si le devoir de notre Miniftere nous oblige d'élever la voix contre fon pernicieux ouvrage, fa perfonne nous eft toujours très-chere, & nous nous intéreffons très-particulierement à fon falut. Il a fait même, en fe rétractant, une démarche dont nous devons lui tenir compte : démarche néanmoins qui auroit pû & dû être encore plus marquée & plus fatisfaifante. Défirons ardemment qu'il y ajoute tous les caracteres & toutes les œuvres d'une fincere & édifiante converfion. Le Livre dont il eft l'Auteur, le rend très-coupable aux yeux de Dieu & des hommes. En le publiant, il a mis dans le monde le germe d'une féduction dont il n'eft pas même en fon pouvoir d'arrêter le cours. Les fuites d'un ouvrage qui bleffe la Religion & les Mœurs, font comme éternelles : c'eft une odeur de mort qui infecte toute la poftérité : c'eft une plante maudite qui étouffe d'âge en âge le bon grain femé dans le champ du Pere de Famille. Mais, M.T.C.F., les grandes miféricordes du Seigneur éclatent dans les grandes fautes. L'Auteur du Livre de *l'Efprit*, rentrant en lui-même, & donnant des marques publiques d'une foi humble & foumife, conftante & zélée, remplira de joie les vrais Fidéles, confondra les Incrédules opiniâtres, défabufera ceux qui auroient eu le malheur de fe laiffer féduire. Deman-

dons cette grace à celui qui eſt la lumiere du monde,
la voie par où il faut marcher, la vérité qu'il faut
croire, la vie qu'il faut poſſéder. Il ne nous reſté
plus, M. T. C. F., qu'à vous apprendre ce que la
ſollicitude paſtorale nous oblige de ſtatuer ſur le
Livre de *l'Eſprit.*

A ces Causes. Vû le Livre qui a pour titre, DE
L'Esprit.

...... Unde animi conſtet natura videndum,
Quâ fiant ratione, & quâ vi quæque gerantur
In terris.
Lucret. de rerum naturâ, *Lib. I.*

A Paris, chez DURAND, *rue du Foin.* M. DCC. LVIII.

Après avoir pris l'avis de pluſieurs perſonnes diſtinguées
par leur piété & par leur ſçavoir, le S. Nom de Dieu invo-
qué, nous condamnons ledit Livre, comme contenant une
Doctrine abominable, propre à renverſer la Loi naturelle,
& à détruire les fondemens de la Religion Chrétienne;
comme adoptant pour principe la Doctrine déteſtable du
Matérialiſme; détruiſant la liberté de l'homme; anéantiſ-
ſant les notions primitives de vertu & de juſtice; établiſſant
des maximes totalement oppoſées à la Morale Evangelique;
ſubſtituant à la ſaine Doctrine des mœurs, l'intérêt, les
paſſions, le plaiſir; tendant à troubler la Paix des Etats, à
révolter les Sujets contre l'autorité & contre la perſonne
même de leur Souverain; favoriſant les Athées, les Déiſtes,
toutes les eſpéces d'Incrédules, & renouvellant preſque tous
leurs monſtrueux ſyſtêmes; comme contenant un très-grand
nombre de propoſitions reſpectivement fauſſes, ſcandaleu-
ſes, pleines de haine contre l'Egliſe & ſes Miniſtres, déro-
geantes au reſpect dû à l'Ecriture Sainte & aux Peres de
l'Egliſe, impies, blaſphématoires, erronées & hérétiques.

En conſéquence, Nous défendons très-expreſſément à
toutes perſonnes de notre Diocèſe, de lire ou retenir ledit

Livre, fous les peines de droit, nous réfervant & à nos Vi-
caires Généraux, le pouvoir d'abfoudre ceux & celles qui
contreviendront à cette défenfe : Et fera, notre préfent
Mandement, lû au Prône des Meffes Paroiffiales des Eglifes
de la Ville , Fauxbourgs & Diocèfe de Paris, publié &
affiché par-tout où befoin fera.

DONNÉ à la Roque en Périgord, le vingt-deux No-
vembre mil fept cens cinquante-huit.

Signé, ✠ CHRISTOPHE, Archevêque de Paris.

PAR MONSEIGNEUR,

de la Touche